Franz Zauleck

Im Zwölfminutenwald

Im Zwölfminutenwald gibt es Birken, Fliegenpilze,
Ebereschen und Rainfarn, einen kleinen Teich,
einen Hügel und eine Linde. Die Linde heißt
Roselinde Tilia Cordata und ist hundert Jahre alt.
Wer genau hinsieht, entdeckt in der Linde ein Haus.
Ungefähr in der Mitte zwischen Himmel und Erde.
Ein Haus mit vier Fenstern.
Ein Fenster zeigt nach Osten, eins nach Süden,
ein Fenster geht nach Westen und
ein viertes nach Norden.
Oben ist ein Schornstein
und unten manchmal
eine Strickleiter.

Und hier ist der Zwölfminutenwald.
Warum heißt der Zwölfminutenwald Zwölfminutenwald?
So schnell?
So langsam?
Hier gibt es keinen Förster!
Ach so!
Aber Ameisen, Mücken und Schmetterlinge.

12 Minuten! Ich muss mich sputen.

100!

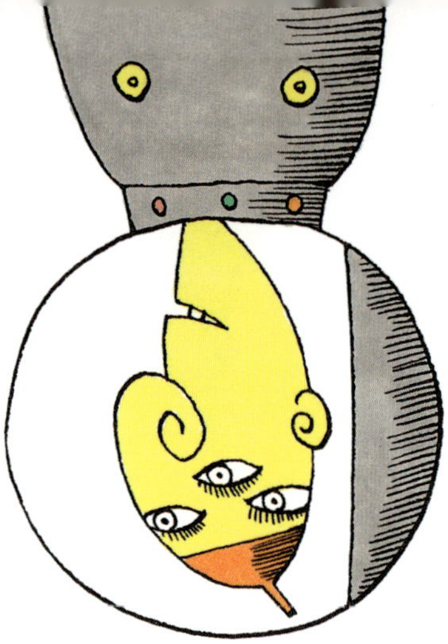

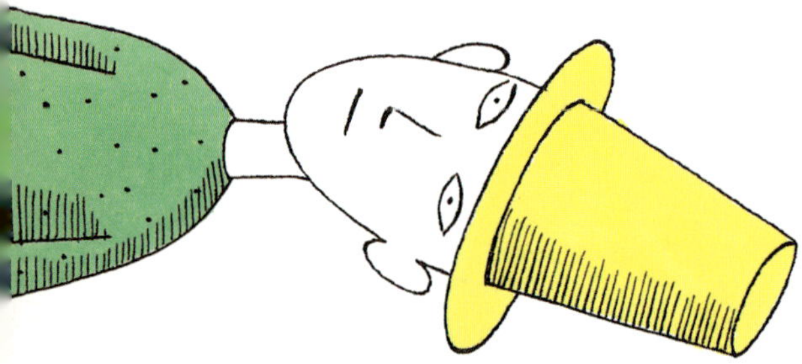

Kalendergeschichten

Ethik und Philosophie 1/2

Mitarbeit: Katja Eder

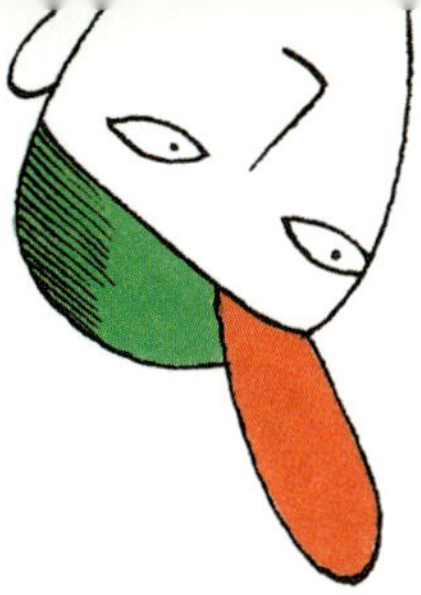

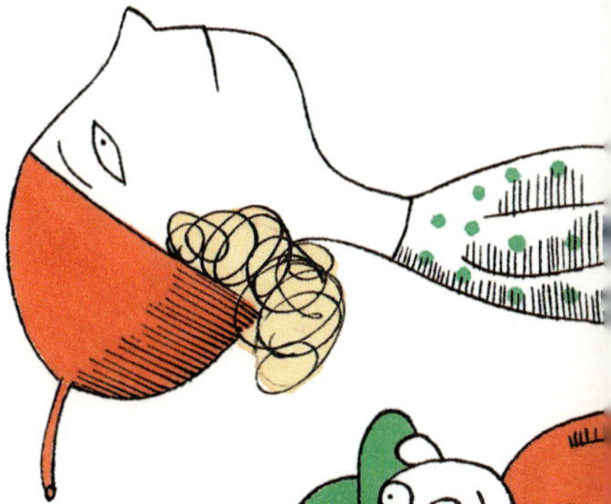

Im Zwölfminutenwald

Geschichten und Bilder
von Franz Zauleck

Ernst Klett Schulbuchverlag Leipzig
Leipzig Stuttgart Düsseldorf

Niemand weiß, wer das Haus gebaut hat und wem es gehört.
Dörte sagt: „Das Haus gehört dem, der darin wohnt."
Roselinde Tilia Cordata knackt mit den Ästen
und das soll heißen: „Der Boden gehört
schließlich auch dem, der darin wurzelt."
Jetzt gehört das Baumhaus Dörte Pomsel
und Anton Löffel und Holger Fischbach.

7. September, Montag

GELBES BLATT

Am Morgen zog Nebel durch den Zwölfminutenwald.
In den Spinnweben hingen funkelnde Nebeltröpfchen.
„Roselinde hat über Nacht das erste gelbe Blatt bekommen“, sagte Holger.
„Der Sommer geht zu Ende“, erklärte Anton.
Roselinde Tilia Cordata raschelte mit den Zweigen:
„Immer gelbe Blätter. Ich hätte gern einmal eine gelbe Birne an meinen Zweigen hängen.“
Dörte streichelte Roselinde. „Hätten wir Birnen, wären hier Wespen.“

RAPUNZEL

„Ich kenne eine Geschichte“, sagte Holger,
„da lebte ein Mädchen in einem hohen Turm.“
Anton sprach: „Rapunzel, lass die Strickleiter herunter.“
„Aber nur für Freunde!“, lachte Dörte.

KATER, MAUS UND KÄSE

„Ich bin dein Freund“,
sagte der Kater zur Maus.
„Danke für die Freundschaft“,
erwiderte die Maus,
„mein Freund ist der Käse.“
Der Käse seufzte: „Ich wäre
lieber der Freund des Katers.“

11. September, Freitag

XYLOPHON

„Überall liegen Klänge“, sagte Anton.
„Klänge?“, fragte Dörte.
„Siehst du sie nicht?“
Anton sammelte Hölzer und Stöcke auf.
„Dünne Stöcke hierhin. Dicke in die Mitte.
Und die stärksten dahin. So!“
Er nahm einen Knüppel und schlug auf die Hölzer.
„So was nennt man Xylophon“, sagte Dörte.
„Ein Zwölfminutenwaldxylophon“, sagte Anton,
„ich schenke es dir.“

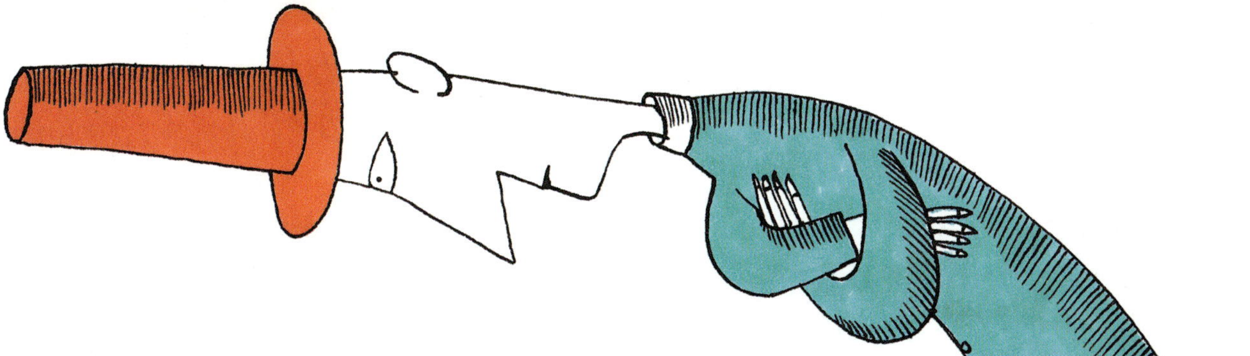

DER MITTLERE LULATSCH

„Kurzer Lulatsch, lass uns Freunde sein!“
„Nett, langer Lulatsch, aber mein Freund
ist der mittlere Lulatsch.“
„Zwei Freunde sind besser als einer, kurzer Lulatsch.“
„Wenn der mittlere Lulatsch mit mir zusammen ist,
ist er der lange Lulatsch. Das funktioniert aber nur,
wenn du nicht dabei bist, langer Lulatsch.“
„Kann man nichts machen, kurzer Lulatsch.“
„Tschüss und viel Glück, langer Lulatsch.“

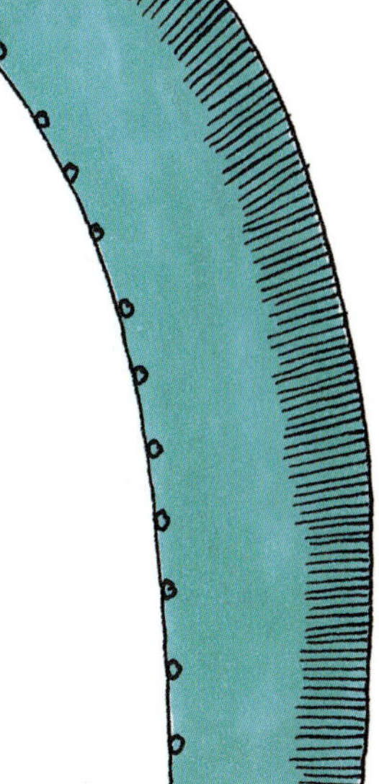

17. September, Donnerstag

FREUNDSCHAFTSSUPPE

„Ich koche Freundschaftssuppe“,
sagte der kleine Koch. „Was soll hinein?“
„Ein Fischschwanz!“, rief die Katze.
„Ein Knochen“, sagte der Hund.
„Und Mäuseschwänze“, schnurrte die Katze.
Der Hund bellte: „Sie muss nach
alten Schuhen stinken.“
Die Katze miaute: „Und nach Baldrian.“
„Sie sollte knurren wie ein Fuchs.“
„Und piepsen wie eine Maus.“
Der Hund winselte: „Ein schönes
Hundehalsband gehört hinein.“
Die Katze fauchte: „Und eine
Kuscheldecke natürlich.“
„Noch etwas Salz“, rief der kleine Koch,
„gut umrühren. Zu Tisch!“
Hund und Katze beschnüffelten die Suppe.
„Das Umrühren hat die
Suppe verdorben!“

BEQUEM

„Du machst es dir sehr bequem!“, schimpfte Dörte. „Schreist Rapunzel, Rapunzel und ich muss mühsam nach oben klettern und dir immer die Strickleiter zuwerfen.“

„Wieso immer? Es war das erste Mal!“, rief Holger.

„Hast du Rapunzel gerufen oder nicht?“, fragte Dörte.

„Reg dich ab! Ich tu’s nie wieder.“

Anton kam und rief: „Rapunzel, Rapunzel!“

Holger wurde wütend. „Wenn Anton es ruft, meckerst du nicht.“

Dörte sagte: „Die Strickleiter ist unten. Warum sollte ich meckern?“

23. September, Mittwoch

KEINE BIRNE

„Sehen Sie die schöne gelbe Birne dort?“,
fragte Frau Knösel. „Holen Sie sie mir!“
„Ich kann abstürzen“, sagte Herr Kuckuck.
Frau Knösel rief: „Sie wollen mein Freund sein!“
„Ich will nur Ihr Freund sein, wenn Sie meine
Freundin sein wollen!“
„Ich bin Ihre Freundin!“
„Wenn Sie meine Freundin sind“, sagte Herr Kuckuck,
„holen Sie sich die Birne allein.“
„Es ist keine Birne“, sagte Frau Knösel,
„es ist ein gelbes Blatt.“

WURST UND HUND

„Hättest du mich nicht
gebissen, hätte ich
dir die Wurst gegeben“,
sagte der Lulatsch.
„Hättest du mir die Wurst
gegeben, hätte ich
dich nicht gebissen“,
sagte der Hund.

FREUNDE

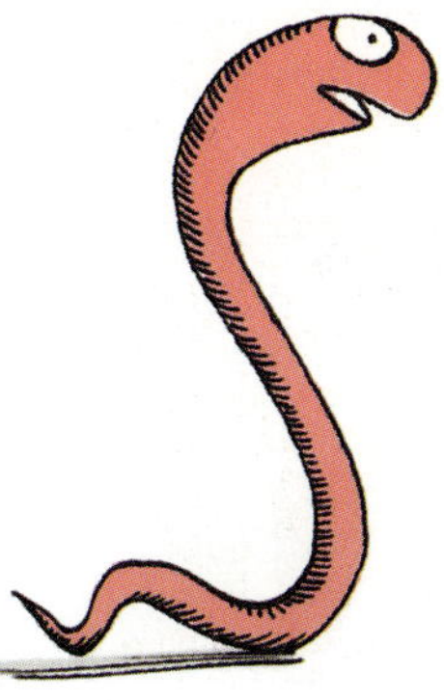

„Ich habe nur Feinde“, seufzte der Regenwurm,
„Hühner, Maulwürfe, Angler.
Ich tue niemandem etwas.
Aber alle trachten mir nach dem Leben.“
„Du brauchst einen Stachel“, sagte die Wespe,
„dann hast du nur Freunde. Die Birnen spenden
süßen Saft, die Bäcker Pflaumenkuchen und
die Kinder lassen mich an ihrem Lutscher lecken.“

GÄNSEGESANG

Über dem Zwölfminutenwald
sammelten sich die Graugänse.
Sie flogen in großen Kreisen und sangen:
„Guse Guse! Gise Gis! Guse Guse!"
„Das rufen sie immer am 1. Oktober, seit hundert Jahren", sagte Roselinde Tilia Cordata, „übersetzt heißt es: Ins Wärmere! Es wird kälter! Ins Wärmere!"
„Du meinst, Gus heißt warm und Guse bedeutet wärmer?", fragte Holger.
„Genau", sagte Roselinde, „Gis bedeutet kalt. Gise heißt demnach kälter."
„Guse Gis Gise Gus", sangen die Gänse.
„Dieser Winter wird zum Glück nicht kalt", sagte Roselinde.
„Wer sagt das?", fragte Holger.
„Die Gänse. Guse Gis Gise Gus. Wärmer kalt, kälter warm", erklärte Roselinde.
„Guse Gise?", fragte Holger.
„Gis Guse", antwortete Roselinde.

1. Oktober, Donnerstag

DRACHEN

Dörte und Anton hatten einen schönen Drachen.
Selbstgebaut, ohne Hilfe.
„Er hat nur einen Fehler“, sagte Dörte,
„er fliegt nicht.“
Holgers Drachen hatte sein Papa gebaut.
„Er fliegt wundervoll“, rief Holger,
„aber er sieht langweilig aus.“

11. Oktober, Sonntag

KNOSPEN

Es war ein windiger Tag.
Roselinde Tilia Cordata verlor ihre Blätter.
„Sehen Sie sich den Zweig genau an“, sagte Herr Kuckuck.
Frau Knösel betrachtete den kahlen Zweig. „Ich sehe nichts!“
„Sie müssen doch die kleinen Punkte sehen!“
„Kleine Punkte!“ Frau Knösel lachte.
„Es sind die Knospen“, erklärte Herr Kuckuck,
„wenn ein Blatt stirbt, ist die Knospe für ein neues schon da.“
Roselinde knarrte: „Ich bereite mich auf den April vor.“

TRÄUME

„Ich habe geträumt, dass Papa ein Baby war. Und ich war der Papa von Papa. Papa hatte viel Zeit für mich“, erzählte Holger Fischbach.

„Ich träumte von einem Wal“, berichtete Dörte Pomsel, „der hat Papa und mich verschlungen. War aber nicht schlimm. Da war ein Tisch drin und zwei Stühle waren da und eine Lampe. Wir haben Mau Mau gespielt. Papa konnte nicht weg.“

„Ich habe geträumt, dass ich fliegen konnte“, sagte Anton Löffel, „das Dumme war nur, dass Mama nicht mitfliegen konnte. Sie hat immer gerufen: Komm runter, du stürzt ab! Ich landete und habe mich geärgert.“

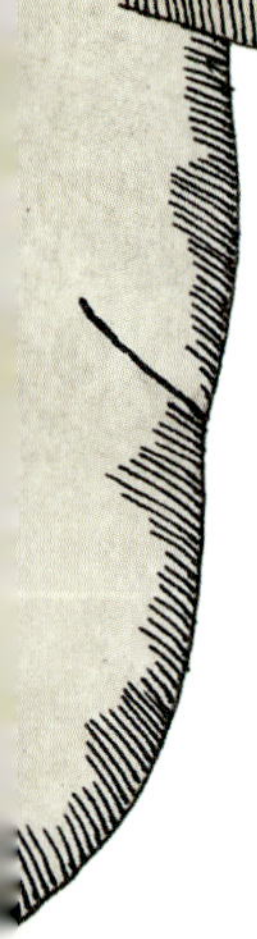

FAMILIE

„Du hast einen schönen Namen“,
sagte der Matrose, „Tilia Cordata.“
„Es ist mein Familienname“,
erklärte Roselinde.
„Du hast eine Familie?“
„Ja, aber ich kenne sie nicht“, sagte Roselinde,
„dafür habe ich Dörte, Holger und Anton.“

NAMEN

„Ich möchte Eisenbrecher heißen“,
sagte Samtpfote, der winzige Lulatsch.
„Bei mir ist es umgekehrt“, sagte der riesige
Lulatsch, „ich heiße Eisenbrecher und
würde gern Samtpfote heißen.“
„Das Beste sind Indianernamen“, sagte der Indianer,
„die kann man verändern. Heute heiße
ich noch Der-so-gerne-Schokoeis-isst,
aber morgen werde ich Der-im-
Zwölfminutenwald-seinen-Namen-
gesagt-hat heißen.“

21. Oktober, Mittwoch

VÄTER UND SÖHNE

Der lange Lulatsch hat einen kurzen Vater.
Der kurze Lulatsch hat einen langen Sohn.
Der dicke Lulatsch hat einen grünen Vater.
Und der dünne Lulatsch hat einen grünen Sohn.

VERTAUSCHT

„Ich bin als Baby vertauscht worden“, sprach Anton.
„Wie kommst du darauf?“, fragte Dörte.
„Es gibt deutliche Anzeichen: Mama liebt Ordnung und Ruhe. Mir sind Aufräumen und Stille verhasst.“
„Ich bin auch vertauscht worden“, sagte Dörte.
„Du auch?“
„Ja“, antwortete Dörte, „ich bin meinem Papa nicht im Geringsten ähnlich. Ich habe weder Bart noch Glatze.“

EINS, ZWEI ODER DREI

„Wenn ich einen Papa hätte“, sagte Anton,
„könnte Mama auch mal mit dem meckern.“
„Wenn ich eine Mama hätte“, sprach Dörte,
„könnte Papa auch mal mit der meckern.“
„Ich habe Mama und Papa“, seufzte Holger,
„wenn die meckern, dann nur mit mir.“

„Ich habe drei Eltern“, rief der kleine Lulatsch, „wenn zwei meckern, ist einer für mich da.“

EINE SONNE

Anton und Dörte machten das Haus winterfest.
Am Fuße von Roselinde Tilia Cordata
war es schon dämmerig.
In der Krone war es noch hell.
„Wenn nur noch die oberen
Zweige von Roselinde leuchten,
ist in einem anderen Land heller Mittag“,
sprach Herr Kuckuck.
„Und woanders wieder ist Morgen“,
sprach Frau Knösel.
„Und wieder woanders ist tiefe Nacht“,
sagte Dörte.
Die Sonne strahlte: „Es gibt nur eine Sonne.
Der Wechsel des Lichts zeigt, dass ich
es gerecht verteile.“

4. November, Mittwoch

DÜNNES EIS

Der Novemberfrost hatte den Teich
mit einer dünnen Eishaut überzogen.
Der dünne Lulatsch lief Schlittschuh.
Der dicke Lulatsch stand am Ufer und schimpfte:
„Das ist nicht gerecht, dünner Lulatsch!
Du kannst aufs Eis und ich nicht!"
„Gerecht, gerecht!", rief der dünne Lulatsch.
„Du bekommst immer die größte Wurst,
dicker Lulatsch. Du solltest von
Gerechtigkeit schweigen."

12. November, Donnerstag

AMEISE UND BEMEISE

„Gut“, sagte Ameise, „wir teilen.“
„Aber halbe-halbe!“, sprach Bemeise.
„Halbe-halbe? Du hast nichts getan“, rief Ameise.
„Was schreist du?“, fragte Bemeise.
„Ich habe gesagt, dass du die Schokolade suchen sollst. Ich habe gesagt, dass du sie tragen musst. Ich habe gesagt, dass die Verpackung weg soll. Und ich habe ausgerechnet, dass wir halbe-halbe machen müssen. Mir zittern die Knie vor Anstrengung!“

TAUSCH

„Das Leben ist ungerecht“,
sagte der Maulwurf zum Sperling,
„jeden Weg muss ich mir graben.
Sie fliegen lustig durch die Lüfte.“
„Ich finde es ungerecht“,
piepste der Sperling, „während Sie
sich in der warmen Erde tummeln
und fette Würmer fressen, muss ich
im Winter frieren und hungern.“
„Tauschen wir“, schnaufte der Maulwurf,
„damit Sie mal sehen, wie das ist.“
„Mit Vergnügen“, rief der Sperling.

15. November, Sonntag

BIRKE

In der Nacht hatte der Sturm gewütet.
Am Morgen stand ein zerzaustes
Bäumchen neben Roselinde Tilia Cordata.
„Guten Tag“, flüsterte es,
„ich heiße Birke und suche eine Bleibe.
Ich komme vom Westrand des Waldes.
Der Sturm heute Nacht hätte mich fast getötet.“
„Wie alt bist du?“, fragte Roselinde.
„Schon sechs!“, rief Birke stolz.
„Wenn du erwachsen bist“,
erklärte Roselinde, „wirst du mir
das Licht zum Leben rauben.
Zieh weiter! Du findest
bestimmt etwas für dich.“
„Das ist schwer“, sagte Birke,
„helle Plätze sind stürmisch.
Und windgeschützte sind besetzt.“

GETAUSCHT

Ein Maulwurf grunzte vom Baum herab:
„Ich fliege, wohin ich will.“
Aus dem Maulwurfshügel schaute ein Sperling heraus:
„Piepiep! Das wird der wärmste Winter meines Lebens.“

WÜRFELN

Dörte würfelte drei Einsen
und schimpfte:
„Das ist ungerecht!“
„Was meckerst du?“,
fragte Anton.
„Du würfelst immer
Sechsen und ich nur
Einsen“, sagte Dörte.
„Würfeln ist die
gerechteste Sache
der Welt“, sagte Anton,
„ich versuche die ganze
Zeit Einsen zu würfeln
und bekomme nur Sechsen.“

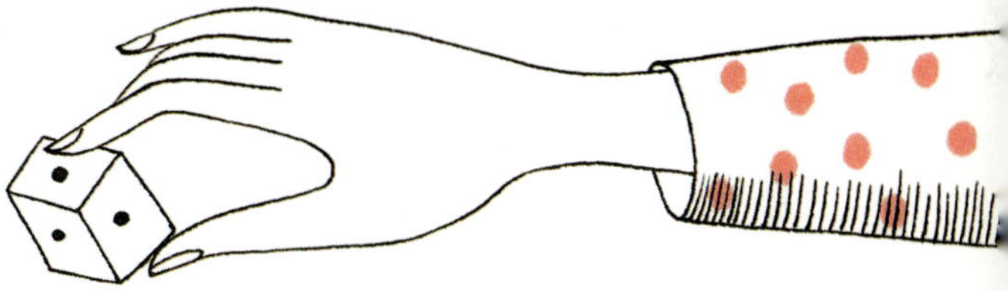

28. November,
Sonnabend

SCHÖNPETER

Schönpeter, der letzte Zwölfminutenwaldschmetterling des Jahres, verfing sich im letzten Zwölfminutenwaldspinnennetz des Jahres.
„Das ist Pech“, rief Schönpeter.
Die Spinne kam aus ihrem Versteck. „Pech für mich. Den ganzen Sommer habe ich auf solchen Brocken gewartet. Jetzt bin ich am Ende.“
Die Spinne seufzte und starb.
„Gemeinheit!“, schrie Schönpeter. „Ich, der letzte Zwölfminutenwaldschmetterling des Jahres, hänge im letzten Zwölfminutenwaldspinnennetz des Jahres und werde nicht einmal gefressen.“
Schönpeter zappelte noch eine Stunde.
Dann war er tot.

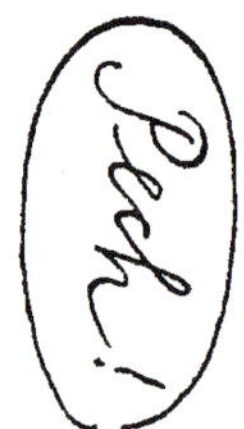

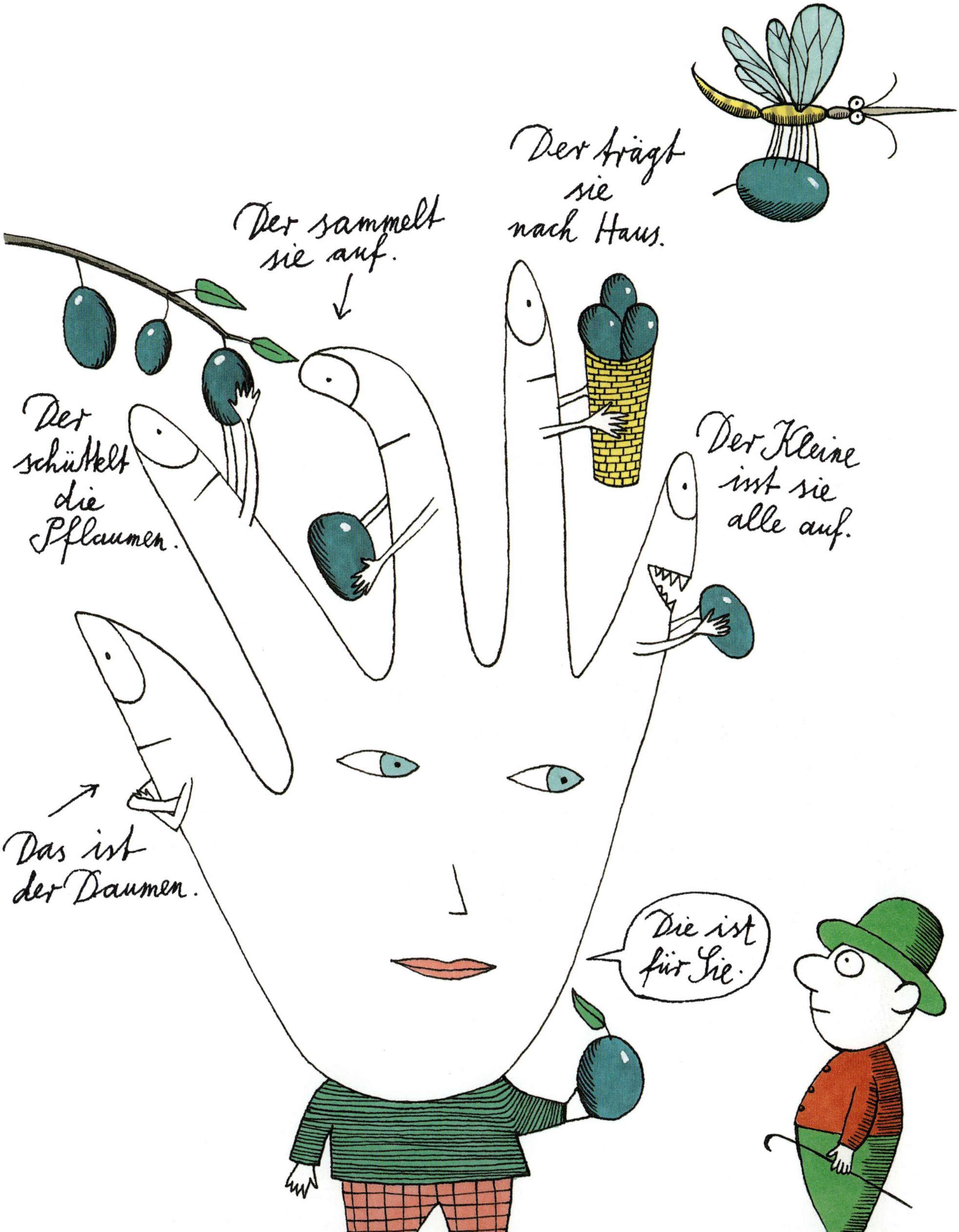
Der schüttelt die Pflaumen.
Der sammelt sie auf.
Der trägt sie nach Haus.
Der Kleine isst sie alle auf.
Das ist der Daumen.
Die ist für Sie.

BARBARAZWEIGE

Am Barbaratag stellt
die Großmutter einen
Kirschzweig in die Vase.
Die Knospen spüren die
warme Zimmerluft, der
Zweig trinkt das frische
Wasser. Und am Weih-
nachtsabend blüht
der Kirschzweig. Fünf
Monate vor der Zeit.
Am Silvestertag stirbt er.

SCHNEE

In der Nacht hatte es geschneit.
„Ahoi“, rief der Matrose,
„der erste Schnee!“
„Beim ersten Schnee vor hundert
Jahren war ich ein winziges Stängelchen“,
sprach Roselinde Tilia Cordata,
„es schneite und ich war weg.
Ich hatte eine Riesenangst.
Jetzt weiß ich, wenn mich
der Schnee nicht gewärmt hätte,
wäre ich erfroren.“

4. Dezember, Freitag
Barbaratag

VIEL SCHNEE

„Am frühen Morgen war es Graupelschnee",
sagte Frau Knösel, „aber vormittags kam Grieselschnee."
„Am Mittag", sagte Herr Kuckuck, „hatten wir Pulverschnee,
der wurde nachmittags zu Pappschnee."
„Am Abend", erklärte Frau Knösel, „war es dann Matschschnee."
„Viel Schnee!", sagte der Skiläuferlulatsch.
„Ich sehe nur eine schmutzige Pfütze."

13. Dezember, Sonntag

WÄRME

Anton heizte den Ofen.
Roselinde Tilia Cordata trug eine Krone aus Qualm.
Herr Kuckuck sah ins Ofenloch. „Die Funken springen wie Sonnenpünktchen."
„In jedem Stück Holz sitzt die Sonne und wartet, dass sie heraus kann", erklärte Anton.
„Diese Funken müssen vom 16. August vor neunundneunzig Jahren sein", sagte der hundertjährige Lulatsch, „was haben wir damals geschwitzt!"

LUFT ANHALTEN

Herr Kuckuck holte tief Luft und schaute angestrengt auf die Uhr.
„Potz Blitz! Sind das Tauchübungen?“,
fragte Frau Knösel.

„Schnickschnack! Es ist die beste Methode,
die Zeit anzuhalten. Einatmen ist Vergangenheit.
Luftanhalten ist Gegenwart. Ausatmen ist Zukunft.“
Frau Knösel lachte. „Jetzt, wo Sie es sagen,
ist Ausatmen bereits Vergangenheit.“

BUCH

Im Wald lag ein Buch. Anton hob es auf.
„Ein Buch ist anstrengend. Man muss es Buchstabe
für Buchstabe lesen. Hast du Lust, Dörte?“
Dörte sah das Buch an. „Lust schon, aber keine Zeit.“
Holger nahm das Buch. „Wer Lust hat, hat auch Zeit.“

17. Dezember, Donnerstag

FRÜHLINGSTANZ

Ein warmer Wind hatte Frühlingsluft gebracht.
Die Mücken erwachten und tanzten Ringelreihe.
„Es ist Frühling“, summselten sie.
„Törichte Mücken! Sterben werdet ihr“,
sagte Roselinde Tilia Cordata, „statt unter
dem warmen Moos zu warten, macht ihr
den Frühlingstanz. So ein altes Mädchen
wie mich kann der Westwind nicht täuschen.
Der Winter braucht seine Zeit. Ich sehe es
am Licht, dass es noch dauern wird.“

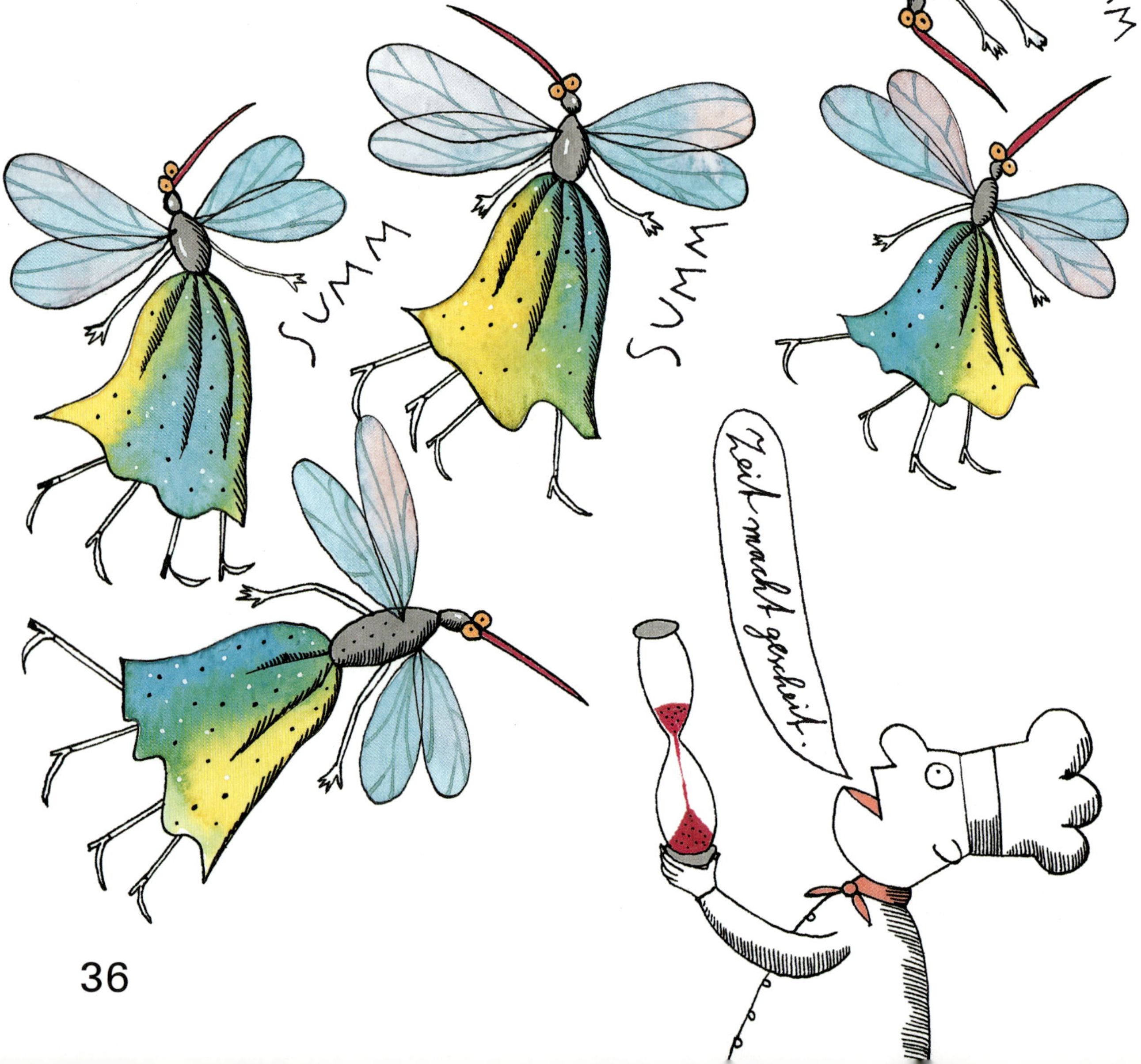

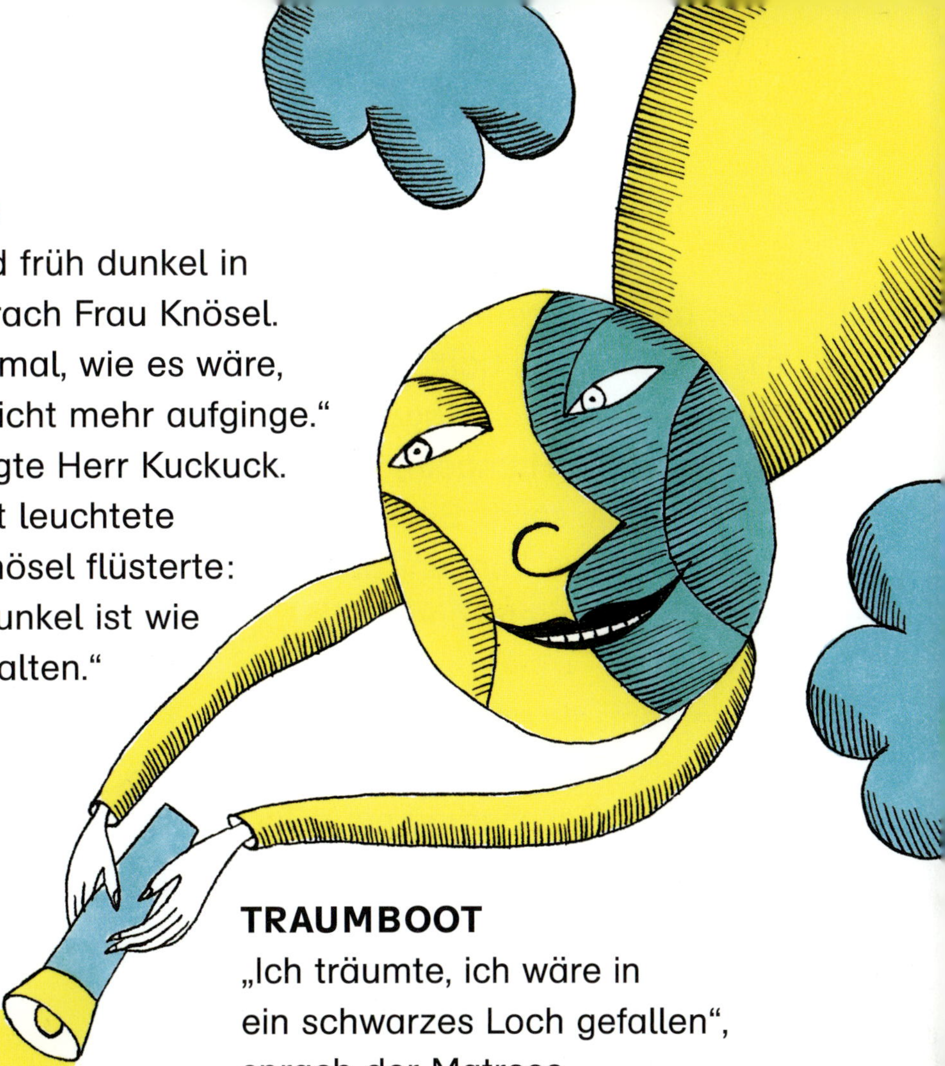

DUNKLES GRAB

„Potz Blitz! Es wird früh dunkel in diesen Tagen“, sprach Frau Knösel. „Ich denke manchmal, wie es wäre, wenn die Sonne nicht mehr aufginge.“ „Wie im Grab“, sagte Herr Kuckuck. In diesem Moment leuchtete der Mond. Frau Knösel flüsterte: „Wenn es da so dunkel ist wie hier, ist es auszuhalten.“

TRAUMBOOT

„Ich träumte, ich wäre in ein schwarzes Loch gefallen“, sprach der Matrose, „da hat meine Mama so geweint, dass ich in den Tränen nach oben schwimmen konnte.“

23. Dezember, Mittwoch

HAMPELMANN

Anton Löffel sagte:
„Wer am 1. Dezember anfängt, ein Geschenk zu basteln, hat bis zur Bescherung 23 Tage Zeit. Zeit für einen Hampelmann mit zwei Köpfen, sechs Beinen und sechs Armen, der die Zungen rausstreckt und Mama sagen kann.“

Dörte Pomsel sagte:
„Wer am 15. Dezember anfängt, hat bis zur Bescherung neun Tage. Zeit für einen Hampelmann mit einem Kopf, zwei Beinen und zwei Armen, der die Zunge rausstreckt.“

Und Holger Fischbach sagte:
„Wer am 23. Dezember anfängt, hat bis zur Bescherung einen Tag. Zeit für einen Hampelmann mit einem Kopf, einem Bein und einem Arm.“

Der Matrose sagte:
„Wer am 24. Dezember anfängt, hat bis zur Bescherung eine Stunde. Zeit für einen Gutschein, auf dem das Wort HAMPELMANN steht.“

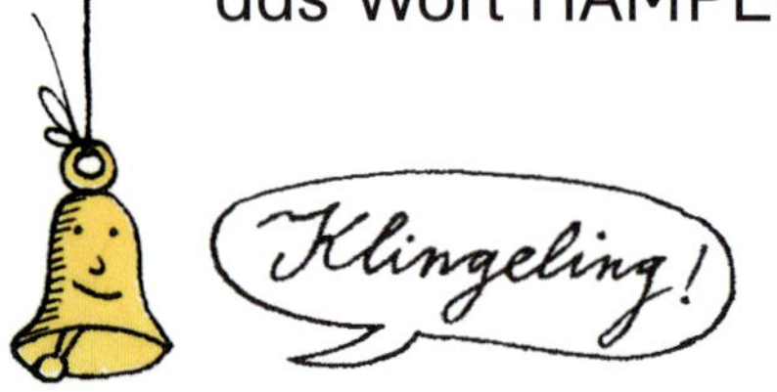

GEHEN UND FLIEGEN

„Was tun Sie?“, fragte Frau Knösel.
„Ich warte darauf, dass die Zeit vergeht“, antwortete Herr Kuckuck.
Frau Knösel lachte: „Potz Blitz! Die Zeit vergeht. Ob Sie warten oder nicht.“
„Schnickschnack“, rief Herr Kuckuck, „wenn ich nicht warte, verfliegt sie.“

SCHNECKE

„Mein liebstes Tier ist die Schnecke“, sagte der schnelle Lulatsch, „je langsamer mein Lieblingstier ist, umso schneller bin ich.“
Der langsame Lulatsch lachte: „Mein liebstes Tier ist auch die Schnecke. Wenn sie mich überholt, weiß ich, dass ich zu Recht der langsame Lulatsch bin.“

31. Dezember, Donnerstag

SILVESTER

Dörte und Anton hatten Knallerbsen mitgebracht. Holger eine Peitsche. Der Matrose trug eine Fliegenklatsche herbei. „Das Wichtigste ist, dass es zu Silvester knallt. Wir vertreiben die bösen Geister.“
„Böse Geister! Unsinn!“ Roselinde Tilia Cordata klirrte mit den vereisten Zweigen. „Beim Jahreswechsel werden zwei Jahre miteinander verknotet. Ein unheimlicher Knoten. Beim Knallen verliert er seinen Schrecken.“

ZWÖLF PFANNKUCHEN

Der kleine Koch brachte zwölf Pfannkuchen. „Elf Pfannkuchen sind mit Pflaumenmus gefüllt. In einem ist Senf. Elf Monate werden schön.“ „Und welcher wird schlecht?“, fragte Holger. „Wir werden es sehen“, sagte der kleine Koch.

VORSÄTZE

„Ich will im neuen Jahr abnehmen“, sagte der dicke Lulatsch.
„Ich will zunehmen“, sagte der dünne Lulatsch.
„Und ich will weiß werden“, sagte der schwarze Lulatsch.
„Ich lang“, sagte der kurze Lulatsch.
„Und ich rund“, sagte der eckige Lulatsch.
„Das sagen sie jedes Silvester“, bemerkte der Matrose.

1. Januar, Freitag

WINDHARFE

„Ein frohes neues Jahr!“, rief Anton
und band eine Holzkiste in die Zweige
von Roselinde Tilia Cordata.
Die Kiste hatte zwei Löcher.
Vor die Löcher waren Drähte gespannt.
„Aufpassen, Roselinde! Der Wind wird singen.“
Der Wind pfiff um die Kiste herum,
sauste in die Löcher hinein und strich
über die Drähte. Und da war es zu hören:
„Uiii höööö oihi juu! Uiii höööö oihi juu!“
„Himmlische Musik!“, sagte Roselinde.
„Sie verkürzt das Warten
auf den Amselgesang.“

ERWARTUNGEN

„Das neue Jahr hat meine Erwartungen
enttäuscht“, sagte Frau Knösel.
„Was reden Sie?“, rief Herr Kuckuck.
„Das Jahr ist erst zwölf Stunden alt.“
„Keine Blumen, kein Vogelsang,
keine Pflaumen, keine Pilze!“,
schimpfte Frau Knösel. „Potz Blitz!
Für so ein Jahr danke ich!“
„Sie sollten nicht ungerecht sein“,
sagte Herr Kuckuck bibbernd,
„die zwölf Stunden Schnee und Eis,
die wir bis jetzt hatten, waren fürs
Erste nicht schlecht.“

Allen ein fröhlich Neujahr, dass alle Sorge zum Schornstein rausfahr!

6. Januar, Mittwoch

ZEBRA

Holger hängte Äpfel, Nüsse und eine
Birne aus Marzipan in die Zweige.
„Für wen ist die Birne?“, fragte Roselinde.
„Für das Zebra“, sagte Holger.
„Hier gibt es nur Rehe, Hasen und Mäuse.“
Ein Zebra kam und schnaufte: „Ich rieche Marzipan.“
Holger lachte: „Ich habe es gewusst.“

DREI KÖNIGE

Drei Könige zogen durch
den Zwölfminutenwald.
„Wir sind die Heiligen Drei Könige.
Wir bringen Myrrhe, Weihrauch
und Gold, la, la, la!"
„Wozu Myrrhe?", fragte der Matrose.
„Es soll ein gesundes Jahr werden!"
„Und Weihrauch?"
„Für die guten Geister. Damit es
ein glückliches Jahr wird!"
„Dann bedeutet Gold ein reiches
Jahr", rief der Matrose.
„Richtig", sagte der Goldkönig,
„reich an Regen, Schnee,
Sonne, Nebel und Wind."
„Aber das ist doch alles
umsonst!", rief der Matrose.
„Was nichts kostet, ist sehr teuer",
sangen die drei Könige.
„La, la, la, la!"

UMSONST

„Der Vogelgesang ist umsonst
und die Schatten der Bäume
sind umsonst", sagte Herr Kuckuck.
„Das Rascheln des Laubs ist umsonst
und der Geruch von Moos ist
umsonst", sagte Frau Knösel.
„Die Müllabfuhr kostet Geld",
bemerkte der Matrose.

17. Januar, Sonntag

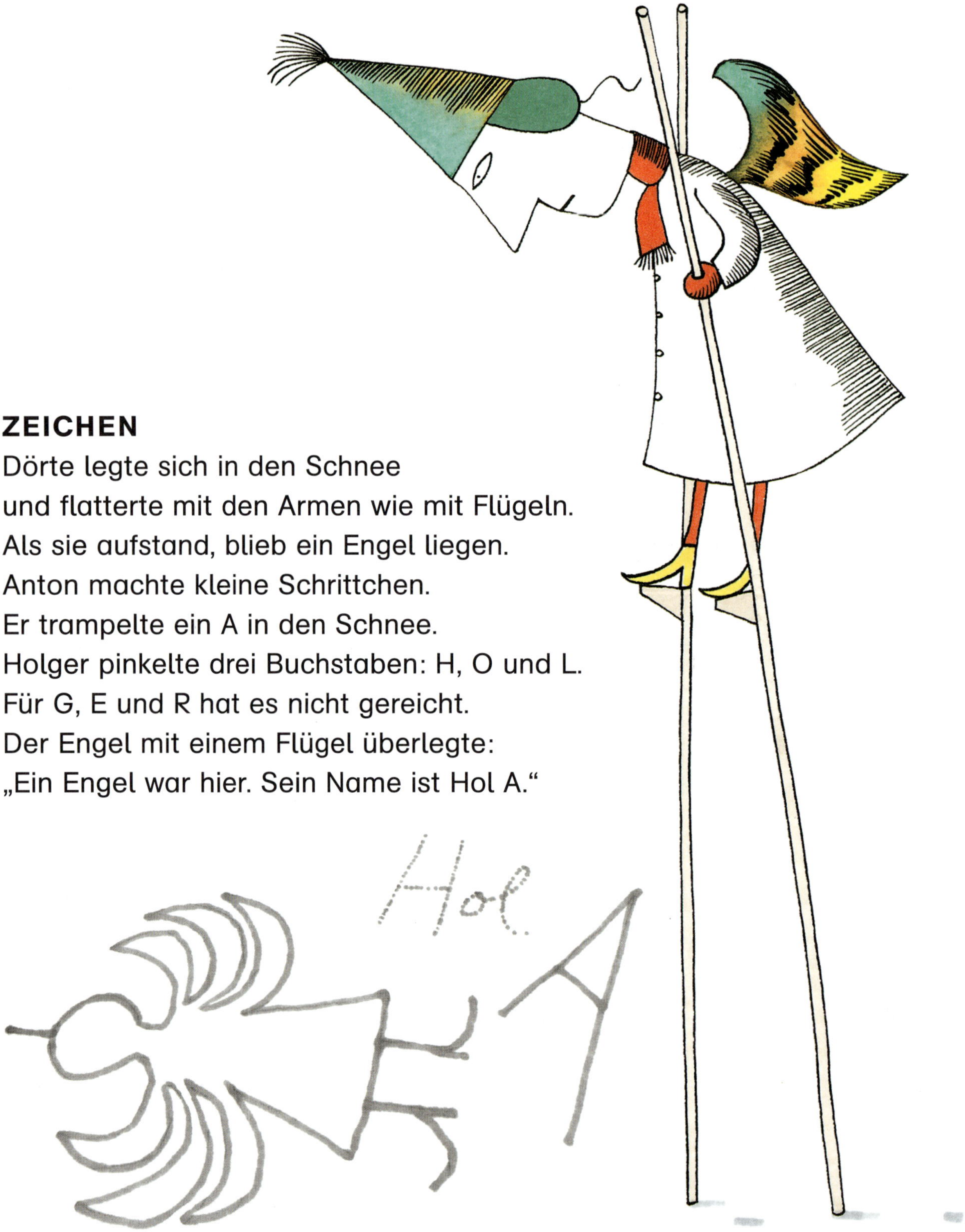

ZEICHEN

Dörte legte sich in den Schnee
und flatterte mit den Armen wie mit Flügeln.
Als sie aufstand, blieb ein Engel liegen.
Anton machte kleine Schrittchen.
Er trampelte ein A in den Schnee.
Holger pinkelte drei Buchstaben: H, O und L.
Für G, E und R hat es nicht gereicht.
Der Engel mit einem Flügel überlegte:
„Ein Engel war hier. Sein Name ist Hol A."

NARBEN

Anton strich über die Rinde
von Roselinde Tilia Cordata.
„Ich habe viele Narben“, sprach Roselinde,
„jede erinnert an etwas anderes. Hier die Buchstaben,
Herzen und Kreuze sind von Liebespaaren und
Seeräubern. Die Messer taten weh.“
„Und dieser Knubbel?“, fragte Anton.
„Das ist meine liebste Narbe“, sagte Roselinde,
„eine freundliche Frau hat eine kranke Stelle
weggeschnitten. Ich blieb gesund. Es ist schön verheilt.“
„Ich habe auch eine Narbe.“ Anton krempelte
das Hosenbein hoch. „Hier. Ich bin im Sommer
mit dem Fahrrad gestürzt.“
„Eine Narbe vom Fahrradsturz fehlt mir noch“,
sagte Roselinde.

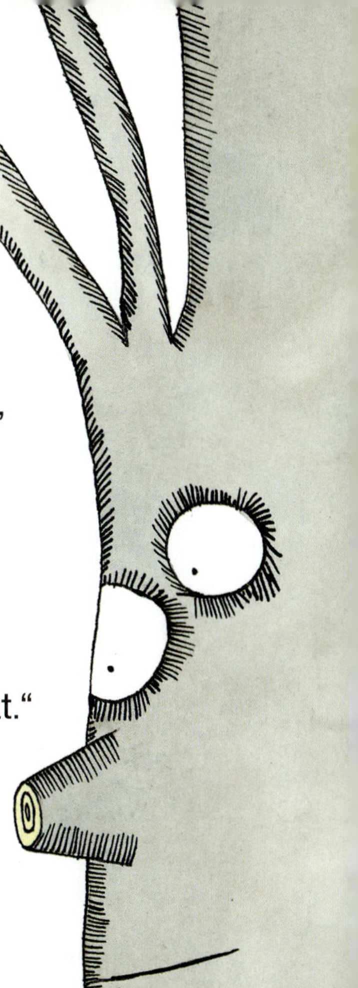

19. Januar, Dienstag

ETAGEN

„Jeder Baum hat drei Etagen“, erklärte der Lehrerlulatsch, „in der ersten Etage, dort wo die Wurzeln sich in die Erde bohren, wohnen Mäuse, Maulwürfe und Tauwürmer. Im zweiten Stock wohnen Eichhörnchen, Zaunkönig und Steinmarder. Der dritte Stock ist die Dachetage. Hier ist die Aussicht weit. Da wohnen Krähe, Habicht und Wiedehopf.“

„Und das Haus der Kinder?“, fragte der Fragelulatsch. „Wenn du das mitzählst, kommst du auf vier Etagen.“

„Meinst du den komischen Balkon?“, fragte der Lehrerlulatsch, „wie er gekommen ist, wird er wieder verschwinden.“

KRANKER AST

„Es wird ihr weh tun“, sagte Anton.
„Wenn wir es jetzt nicht machen, fault
die Stelle“, sprach Dörte, „und dann
wird sie richtig krank.“
Sie klopfte mit der Säge gegen
den toten Ast. „Ist er das?“
„Nun fangt an“, flüsterte Roselinde,
„morgen ist Sankt Fabian, da fangen
die Bäume zu saften an.“

Dörte sägte den Ast ab,
Anton klebte Pflaster auf die Wunde
und Roselinde seufzte: „Es ist
wie Zahnziehen. Hinterher ist
es besser als vorher.“

25. Januar, Montag

VOGELHOCHZEIT

„Heute ist Vogelhochzeit“, sagte Dörte,
„wer einen Teller rausstellt, dem legen die Vögel
Äpfel, Nüsse und Süßigkeiten hinein.“
Holger lachte: „Und wer Tassen in die
Fenster stellt, bekommt Kakao.“
„Sehr witzig“, sagte Dörte, „wir werden
sehen, ob es stimmt.“
Auf dem Teller lag ein Brief.

Dörte streute Körner
auf den Teller und sagte:
„Es hätte mich auch gewundert.“

UFFE GAGA SCHNIFFE

„Jedes Blatt, jeder Zweig und jede Wurzel erzählt uns etwas“, erklärte der Matrose, „wer gut beobachten kann, wird viel erfahren. Die Pflanzen haben eine stumme Sprache.“
„Wieso stumme Sprache?“, fragte der kleine Koch.
„Die Zwiebel sagt: Schniffe schniffe. Die Tomaten rufen: Tig gaga giga. Und die Kartoffeln machen: Uffe uffe uffe uffe!“
„Uffe uffe!“, schrie der Matrose.
„Jeder kann es hören“, rief der kleine Koch, „man braucht einen Topf, Feuer und etwas Öl. Dann sprechen sie: Uffe uffe, giga gaga, schniffe schniffe.“

5. Februar, Freitag

TIRILI

„Unsere Zeit ist bald um“, sagte der Schneemann traurig,
„in acht Wochen tirilieren hier die Lerchen.“
„Ich möchte es gern hören, das Tirilieren“,
flüsterte die Schneefrau.
„Anfang April sind wir Pfützen“, sagte der Schneemann.
„Ach“, seufzte die Schneefrau.
„Ein Kühlschrank würde Ihnen helfen“, rief der Matrose.

VORBILDLICH

Der vorbildlich saubere Lulatsch sagte: „Nimm dir ein Beispiel an mir. Wasch dir die Hände und putze die Nase."
„Waschen und Putzen ist anstrengend", rief der vorbildlich dreckige Lulatsch. „Nimm dir ein Beispiel an mir. Du brauchst nichts zu tun. Der Dreck kommt von allein."

VON KATZ BIS FISCH

„Ich bin hundemüde",
miaute die Katze.
„Ich schwitze wie ein Bär",
knurrte der Hund.
„Ich fühle mich wie ein Fisch
im Wasser", brummte der Bär.
Der Fisch schwieg: „Ich bin
stumm wie ein Fisch."

15. Februar, Montag

ROSENMONTAG

„Ich bin ein Zebra“, wieherte Holger.
„Ich bin ein Elefant“, trompetete Anton.
„Ich bin eine Schnecke“, zischte Dörte.
„Ich bin eine Dörte“, erklärte die Schnecke.
„Ich bin ein Anton“, lachte der Elefant.
„Ich bin ein Holger“, sagte das Zebra.

ICH

„Wer bist du?“, fragte der Dululatsch.
„Ich bin ich“, sagte der Ichlulatsch.
„Unmöglich“, rief der Dululatsch, „ich bin ich.“
„Soll ich sagen, ich bin du?“, fragte der Ichlulatsch.
„Du hast doch einen Namen“, sagte der Dululatsch.
„Ich heiße Karl-Heinz“, sagte der Ichlulatsch.
„Na also! Ich bin ich. Und du bist Karl-Heinz.“

VERWORTE DREHTE

„Ich kartoffelte die Schälen
und klößte köstliche Kochte.“
„Ich schiffte das Ruder und
wellte auf den Schaukeln.“
„Ich stuhlte mich auf den Setz,
da beinte ein Brach.“
„Ich bergte den Rodel
herab und
baumte gegen
den Stieß.“

27. Februar, Sonnabend

NEIDISCH

Der Elefantlulatsch seufzte: „Mauslulatsch, ich beneide dich. Du hast zierliche und anmutige Bewegungen. Du kannst in kleine Löcher gehen und lautlos durch die Gegend springen."
Der Mauslulatsch seufzte: „Ich habe Grund neidisch zu sein, Elefantlulatsch. Wo du auftauchst, bebt die Erde. Du kannst Bäume ausreißen und brauchst dich vor niemandem zu fürchten."

KEINE STECKDOSE

Der Matrose schleppte einen Kühlschrank herbei.
„Einsteigen bitte!“, rief er. „Im April öffne ich die Tür und dann hören Sie das Tirilieren.“
Schneemann und Schneefrau kletterten in den Kühlschrank.
Nach einer halben Stunde öffnete der Matrose die Tür.
„Schon April?“, fragte der Schneemann.
„Keine Steckdose hier“, sagte der Matrose, „nicht traurig sein.“
„Ich bin froh, dass es so kurz gedauert hat“, sagte die Schneefrau, „es war furchtbar dunkel.“

FEBRUAR

„Kann mir jemand sagen, warum ich der kürzeste Monat bin?“, fragte der Februar.
„Abtreten“, brüllte der März, „der Frühlingsmonat ist dran!“
Der Mai rief: „Der kürzeste Monat bin ich. Drei Buchstaben! Wer ist kürzer?“

2. März, Dienstag

NEBEL

Holger stolperte durch den Nebel. „Die Farben, die Töne, die Formen und sogar die Gerüche werden fremd. Der Nebel schluckt alles."
„Der Nebel wird verfliegen", sagte Dörte, „und alles wird wie früher sein."
Holger überlegte. „Ich glaube, alles wird neu sein."

MAIGLÖCKCHEN

„Es ist soweit!“
Das Maiglöckchen steckte
bibbernd die Köpfe aus dem Schnee.
„Sie sind acht Wochen zu früh“,
sagte Roselinde Tilia Cordata,
„ziehen Sie Ihre Köpfe ein!“
„Wenn ich sie einziehe, werde ich
den Frühling verpassen“,
jammerte das Maiglöckchen.
„Wenn Sie Ihre Köpfe draußen lassen,
werden Sie ihn nie erleben.“

14. März, Sonntag

CHINESE

„Wenn ich in China geboren worden wäre, wäre ich jetzt auch ein Chinese“, sagte Holger, „ich könnte chinesisch sprechen und hätte chinesische Freunde. Mein Leben wäre ganz anders. Was heißt zum Beispiel auf chinesisch Guten Tag?“
Der gelbe Lulatsch zuckte mit den Achseln. „Keine Ahnung. Ich war noch nie in China.“

ZÄHNE

Seit gestern sagte Anton kein Wort mehr.
„Anton, was ist passiert?“, fragte Dörte.
„Du bist so fremd!“
„Die Milchzähne verabschieden sich“,
sagte der kleine Koch.
„Tschüssikowski“, riefen die Milchzähne,
„es war eine schöne Zeit.“
„Mpf, mpf!“, machte Anton.

22. März, Montag

ANFANG

Der Frühling rief: „Endlich Frühling!"
„Lausekalt ist es", schimpfte Dörte.
„Das ist doch erst der Anfang!",
erklärte der Frühling.
„Wenn das erst der Anfang ist,
na danke!", knurrte Anton.

SPIEGEL

Frau Knösel fand im Moos
einen Spiegel. Sie blickte hinein
und sagte: „Potz Blitz! Ich kenne diese Frau."
Herr Kuckuck sah in den Spiegel: „Es ist ein Mann."
„Es ist eine Frau", rief Frau Knösel,
„sie trägt einen roten Hut!"
„Roter Hut? Dann ist es Frau Knösel!",
brummte Herr Kuckuck.
Der blöde Lulatsch sah in den Spiegel
und fragte: „Sieht Frau Knösel so blöd aus?"

PINGUIN UND TIGER

„Sie sind im falschen Wald“, fauchte der Tiger.
„Wie kommen Sie darauf?“, fragte der Pinguin verwundert.
„Ihre Landschaft ist die Antarktis, wenn ich nicht irre“, brüllte der Tiger.
„Sie lesen zu viel Zeitungen“, antwortete der Pinguin, „dort stehen diese dummen Sachen, dass Pinguine in der Antarktis leben und Tiger in Afrika.“
„Tiger leben in Indien, China und Sibirien“, dröhnte der Tiger. „Aha“, sagte der Pinguin, „und was machen Sie hier?“

27. März, Sonnabend

GEWITTER

In der Nacht traf der winzige warme Wind den großmächtigen kalten Wind. Der warme Wind rief: „Verschwinde, kalter Wind! Deine Zeit ist um.“ Der kalte Wind brüllte: „Hier bin ich der König, du Wurm!“ „Selber Wurm!“, schrie der warme Wind. Es donnerte und blitzte über dem Zwölfminutenwald. Ein starker Sturm riss an den Zweigen von Roselinde Tilia Cordata. „Immer das Gleiche“, ächzte Roselinde, „der neue König verdrischt den alten König und ich muss Haare lassen.“

ZIMTZICKE UND SAFTSACK

„Holger hat Zimtzicke zu mir gesagt!“, jammerte Dörte.
„Weil du Saftsack gesagt hast!“, schimpfte Holger.

„Weshalb streitet ihr?“, fragte der kleine Koch. „Zimtzicke und Saftsack! Es gibt nichts Wohlschmeckenderes. Für eine gute Zimtzicke benötigen wir reichlich Karamelpudding, Pfefferminze und natürlich Zimt. Die Zimtzicke wird gut durchgerührt und heiß serviert. Dazu gibt es Saftsack aus kaltem Himbeersaft mit einem Schuss Zitrone. Mir läuft das Wasser im Mund zusammen.“

BAUERNREGEL

Mit Samen nicht sparen.
Der erste ist für den Raben.
Der zweite ist für die Krähe.
Der dritte geht ein.
Aber der vierte, der wächst,
der ist zähe.

28. März, Sonntag

BIRNE

„Ich bin aufgeregt“, seufzte Roselinde Tilia Cordata,
„es kribbelt in den Zweigen. Vielleicht bekomme
ich diesmal eine Birne.“
„Du bist eine Linde!“, sagte Anton.
„Weißt du, wie schön eine Birne ist?“, fragte Roselinde.
„Lindenblüten sind auch schön!“, sagte Anton.

BIRNEN, ÄPFEL & PFLAUMEN

Am Brunnen vor dem Tore,
da steht ein Birnenbaum,
der hat so süße Äpfel,
die Pflaumen sieht man kaum.

DREI GEHEIMNISSE

Ein Seeräuber hackte den Boden auf.
„Was tun Sie?“, fragte Herr Kuckuck.
„Es ist ein Geheimnis. Ich grabe ein Loch“, erklärte der Seeräuber.

„Und wozu?“, wollte Herr Kuckuck wissen.
„Es ist ein Geheimnis. Ich will eine Truhe eingraben!“
„Und warum?“
„Es ist ein Geheimnis. In der Truhe ist ein Schatz.“
„Bitte, Herr Kuckuck, nicht weiterfragen“, flüsterte Frau Knösel, „drei Geheimnisse reichen.“

KARIERT

„Ich kann machen, was ich will“, sagte der blau und gelb karierte Hund, „unter blauen Hunden bin ich der gelbe und unter gelben Hunden bin ich der blaue.“
„Das kenne ich“, sagte der rot und grün karierte Hund, „deshalb befreunde ich mich nur noch mit bunten Hunden.“

ENGEL

„Da hilft kein Üben“, sagte der Engel mit einem Flügel, „ich kann nicht fliegen.“ „Ich werde Ihnen einen zweiten Flügel aus Papier bauen“, sagte Dörte, „dann sehen wir weiter.“

DOOF

Der schlaue Lulatsch fragte: „Wieviel ist 1 + 1?“
Der doofe Lulatsch sah besorgt aus. „Weißt du es?“
„Ja, ich weiß es“, antwortete der schlaue Lulatsch.
Der doofe Lulatsch lachte:
„Dann bin ich beruhigt.“

4. April, Sonntag

VIER SCHULEN

„Osterhase ist auch ein schöner Beruf", sagte Frau Knösel. „Was so einfach aussieht, ist schwer erarbeitet", erklärte der Hase. „Ich habe vier Schulen besucht: Eiermalschule, Eiertransportschule, Eierversteckschule und eine Gitarrenschule."

„Eine Gitarrenschule?", fragte Frau Knösel.

„Es ist wissenschaftlich erwiesen, dass Hühner bei Gitarrenmusik schönere Eier legen", sagte der Hase.

PI

„Ich bringe dir das Sprechen bei“,
sagte Herr Kuckuck, „sag mal Pa!“
„Pi!“, piepte das Küken.
„Sehr gut. Und jetzt Pa Pa!“
„Pi Pi!“
„Mein Küken sagt Papa!“
„Ich glaube, es muss mal“,
bemerkte Frau Knösel.

12. April, Montag

ALTES

„Wie geht's in der Schule?“, fragte Roselinde Tilia Cordata. Anton brummte: „Immer dasselbe!“ „Aber du lernst doch jeden Tag etwas Neues!“, sagte Roselinde. „Zur Abwechslung würde ich gern mal etwas Altes lernen!“, stöhnte Anton.

MONTAG

„Der schlimmste Tag ist der Sonnabend“, sagte Holger. Dörte zog die Nase kraus. „Auf den Sonnabend folgt der Sonntag. Das ist doch schön!“ „Was folgt auf den Sonntag?“, fragte Holger. „Der Montag“, antwortete Dörte. „Na also!“

ZAUBERTINTE

„Kennst du ein Rezept für Zaubertinte?“, fragte Anton.
„Zaubertinte? Da gibt es zwei Sorten“, erklärte der kleine Koch, „die erste Sorte ist eine Mixtur aus Löwenzahnsaft und Zitronenmelisse. Hier wird die Schrift erst nach dem Schreiben lesbar. Die zweite Sorte besteht aus Zwiebelsaft und Majoran. Da verschwindet die Schrift nach dem Schreiben.“
„Ich brauche die zweite Tinte“, sagte Anton, „wir schreiben morgen ein Diktat.“

WENN

„Wenn mein Hund Hunger hat“, sagte Holger, „macht er Männchen und bekommt eine Wurst.“
„Wenn meine Katze Durst hat“, sagte Dörte, „schnurrt sie und bekommt Milch.“
„Wenn ich fernsehen will“, sagte Anton, „zeige ich meine Hefte und muss ins Bett.“

21. April, Mittwoch

BOXBIRNE

„An meinem Zweig hängt eine Birne“,
freute sich Roselinde Tilia Cordata.
„Eine Boxbirne“, sagte Anton,
„ich muss meine Wut wegboxen.“
„Warum bist du wütend?“
„Die Zaubertinte hat nicht
funktioniert!“

VORSICHT

„Ich bin aufgeregt“,
flüsterte der Engel.
Dörte zog die letzte Schleife fest.
„Ich zeige Ihnen,
wie das Fliegen geht!“
Sie breitete die Arme aus
und sprang vom Baum.
„Nur Mut! Es ist kinderleicht!“
Der Engel flatterte mit den
Flügeln und flog davon.
Dörte rief: „Vorsicht vor
Regenwolken! Es ist ein
Schönwetterflügel!“

SCHLUMME

„Ich brauche keine guten Diktate“, sagte Anton. „Ich bin Erfinder.“
„Was erfindest du?“, fragte Dörte.
„Heute erfinde ich eine Schlumme.“
„Eine richtige Schlumme?“
Dörte staunte: „Ist das nicht schwer?“
„Eigentlich ganz einfach. Wichtig ist, dass nie der Temmel vor dem Seller angeknolzt werden darf, sondern erst die Zwille an den Streibeln verlürmt wird. Dann nur noch die Prolle an die Schneffe anröffeln und fertig ist die Schlumme.“
„Eigentlich ganz einfach“, sagte Dörte.

29. April, Donnerstag

WOVON ICH REDE

„Pass auf, kleiner Koch, ich bringe dir das Seefahren bei!“
„Einverstanden, Matrose, bei mir lernst du kochen.“
„Als Erstes brauchst du eine Seekarte.“
„Ein Kochbuch tut es auch.“
„Ein Paddel, ein Anker und ein Kompass sind unverzichtbar.“
„Und ein Topf, ein scharfes Messer und ein Löffel.“
„Das Allerwichtigste ist Wasser.“
„Das Allerwichtigste!“
„Es darf nicht zu kalt sein.“
„Es muss heiß sein.“
„Das Boot kommt ins Wasser.“
„Umgekehrt.“
„Wie? Umgekehrt?“
„Das Wasser kommt in den Topf.“
„Wovon redest du?“
„Ich bringe dir das Kochen bei und du fragst, wovon ich rede!“

KEIN PROBLEM

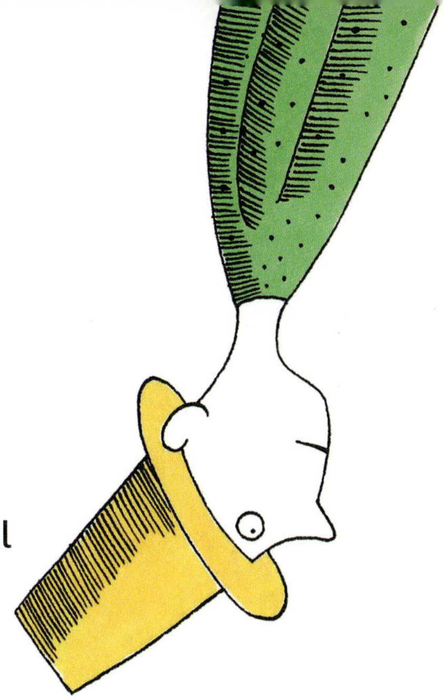

Frau Fröbel, die Lehrerin, kam
in den Zwölfminutenwald.
Sie rief: „Anton, bist du hier?“
Anton steckte den Kopf aus
dem Baumhaus. „Ja, was ist?“
„Die Schlumme ist kaputt. Der Streibel
zörmt immer um die Zwille.“
Anton lachte. „Kein Problem!
Einfach abzörmen und neu
einluppen, dann geht sie wieder.“
Frau Fröbel bedankte sich.
„Und vergiss nicht zu üben, wir
schreiben bald wieder ein Diktat.“

4. Mai, Dienstag

MAIA

Maia, die Maizauberin, verstreute
Löwenzahn, Glockenblumen
und Zimbelkraut.
Roselinde Tilia Cordata seufzte:
„Wie schön, dass Sie wieder da sind,
Maia. Es hat so lang gedauert!“
„Ich komme im Mai und gehe
im Mai, wie jedes Jahr“,
säuselte Maia. „Wo ist denn
das Maiglöckchen?“
Das Maiglöckchen
klingelte:
„Hier bin ich.
Und pünktlich!“

AMPEL

„Ich habe gehört, dass es hier noch keine Ampel gibt“, sprach der Polizist.
„Es gibt auch keinen Zebrastreifen hier“, sagte das Zebra.
„Wozu eine Ampel?“, fragte der Frosch.
„Zur Vermeidung von Zusammenstößen.“
„Hier gibt es keine Zusammenstöße“, bemerkte Herr Kuckuck.
„So soll es bleiben“, brummte der Polizist und steckte die Ampel in den Boden.

10. Mai, Montag

KÖNIG

Der kleine König steckte Fähnchen in die Erde.
„Hier ist mein Königreich!“
„Hier ist der Zwölfminutenwald“, sagte Dörte,
„der gehört niemandem.“
Der König wurde ungehalten: „Es gibt
keinen Wald, der niemandem gehört!“
Roselinde Tilia Cordata raschelte mit den Blättern.
„Erst werden bunte Fähnchen verteilt und am Ende
müssen die Kinder draußen bleiben. Dieser Wald
gehört den Tieren, den Bäumen und den Kindern.“
„Und den Blumen!“, rief das Maiglöckchen.
„Und den Pilzen!“, riefen die Pilze.
„Ich habe verstanden“, sagte der König,
„bin weder Blume noch Pilz. Ich gehe.“

EICHE

„Potz Blitz! Ein Eichenbäumchen“, sagte Frau Knösel,
„hier sind die drei Geheimnisse vergraben.“
Der Seeräuber kam mit einer Gießkanne, goss das
Pflänzchen und murmelte: „Seit zwei Wochen kein Regen.“
„Sind Sie nicht Seeräuber?“, fragte Frau Knösel.
„Ich bin Seeräuber und Gärtner“, antwortete der Seeräuber.
„Entweder Seeräuber oder Gärtner. Eins geht nur“,
sagte Herr Kuckuck, „finden Sie nicht?“
Der Seeräuber lachte: „Das ist das vierte Geheimnis!“

20. Mai, Donnerstag

RIESIG WINZIG

Der kleine Lulatsch fragte:
„Hast du meinen Hund gesehen?“
„Wie sieht dein Hund aus?“,
fragte der große Lulatsch.
„Er ist rot und blau kariert
und riesig groß, großer Lulatsch.“
„Ich habe einen rotblau karierten
Hund gesehen. Aber der war
winzig klein, kleiner Lulatsch.“
„Rotblau kariert und winzig klein?“,
fragte der kleine Lulatsch. „Nein,
das war nicht mein Hund. Tschüss.“

LOCH IM DACH

„Es regnet durch“, rief Dörte.
„Was bekomme ich, wenn ich
das Dach repariere?“, fragte der Matrose.
„Du kannst bei Regen im Haus sitzen.“
„Ich will Geld“, sagte der Matrose.
Dörte stieg aufs Dach, nagelte
ein Blech vor das Loch und sprach:
„Jetzt bekomme ich Geld von dir.“
„Spinnst du?“, fragte der Matrose.
Dörte lachte: „Es ist auch dein Haus.“

KUCKUCK

Der Kuckuck rief:
„Kuckuck, Kuckuck!“
„Ich denke immer, er ruft mich“,
schimpfte Herr Kuckuck.
„Sie brauchen einen neuen Namen“,
sagte Frau Knösel.
„Gut“, sagte Herr Kuckuck,
„ab jetzt heiße ich Herr Zipfelchen!“
„Zipfelchen, Zipfelchen!“, rief der Kuckuck.

22. Mai, Sonnabend

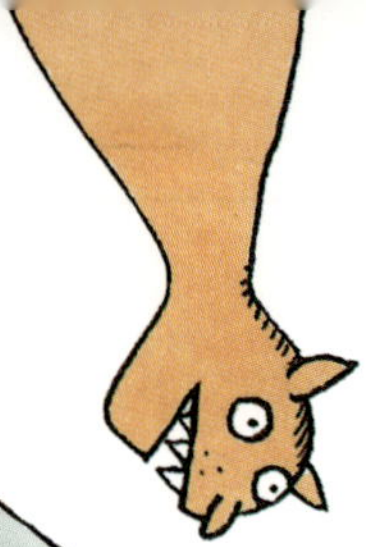

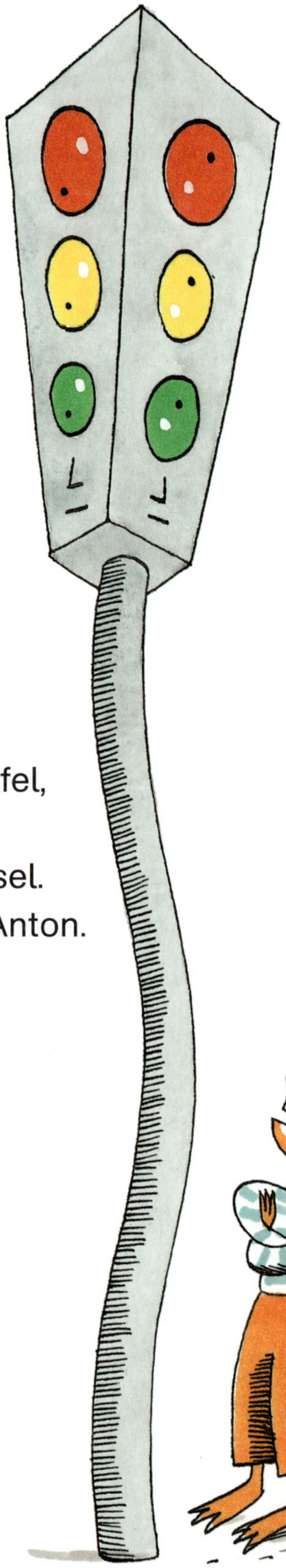

ROT GELB GRÜN

„Ich habe heute Nacht wieder nicht schlafen können“, stöhnte das Eichhörnchen, „dieses ewige Grün-Gelb-Rot-Gelb-Grün macht mich wahnsinnig.“
„Ich werde die Ampel ausschalten“, sagte der Marder und biss das Kabel durch.
„Schlimm, schlimm“, schimpfte der Frosch, „nun weiß keiner, wer Vorfahrt hat.“

BERUFE

„Mama wollte als Kind Pilotin werden“, erzählte Holger Fischbach, „jetzt sitzt sie in einem Büro. Wie alle.“
„Mein Vater wünschte sich als Kind in einem Büro zu arbeiten“, berichtete Anton Löffel, „und nun ist er Rennfahrer.“
„Du hast gar keinen Vater!“, sagte Dörte Pomsel.
„Ich könnte es mir aber so vorstellen“, sagte Anton.

SIEBEN MAL SIEBEN

„Ich habe Erfahrung“,
sagte der Matrose.
„Ich habe sieben
mal sieben Meere
befahren und ebenso
viele Länder.“

„Ich habe auch Erfahrung“,
erklärte der kleine Koch.
„Ich habe sieben mal sieben
Suppen gekocht und kenne
ebenso viele Salate.“

„Ich würde sagen,
du hast Erkochung“,
bemerkte der Matrose.

31. Mai, Montag

MAI VORBEI

„Ach“, flüsterte Roselinde Tilia Cordata, „es hat so kurz gedauert. Können Sie nicht öfter kommen?“
Maia tat noch ein Lindenblatt in ihr Kräuterbuch und sagte: „Öfter macht es nicht besser.“

BLÜHTAG

Die Glockenblume wisperte: „Heute ist mein Blühtag. Bienen und Hummeln besuchen mich. Ich bewirte sie mit Nektar und sie summseln mir Waldgeschichten in den Kelch.“
„Bei uns heißt das Geburtstag“, sagte Holger.
„Onkel Willi und Tante Olga kommen. Es gibt Würstchen und Kartoffelsalat und Onkel Willi erzählt von seinem neuen Auto.“

KEINE AMPEL

„Ich soll die alte Ampel abholen“,
sagte der Schrotthändler.
„Hier gibt es keine Ampel“,
piepsten die Mäuse.
„Und was ist das?“
„Unser Haus!“, riefen die Mäuse.
„Wir haben grüne, gelbe
und rote Fenster.“

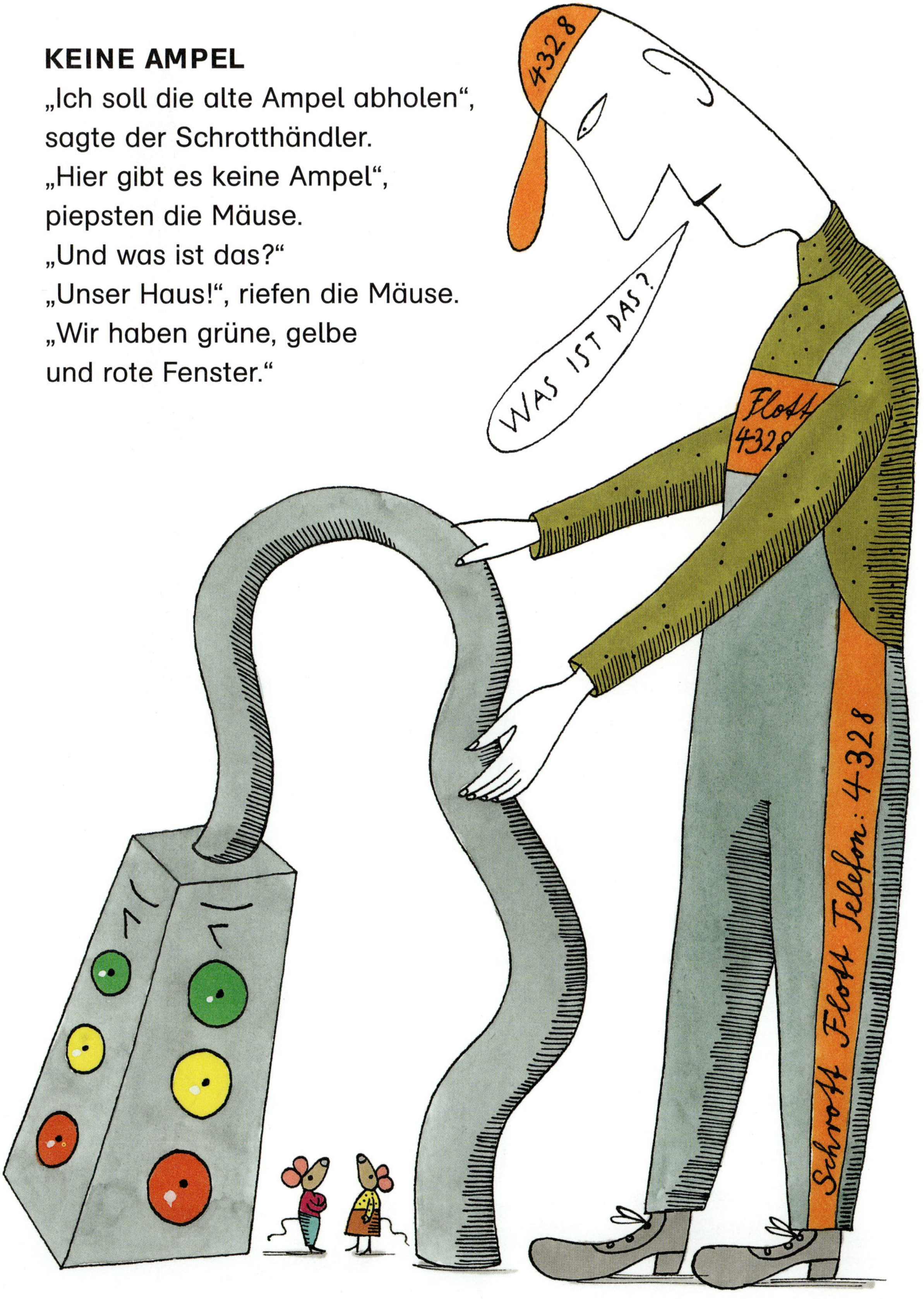

3. Juni, Donnerstag

FALTFISCH

„Die Fische beißen nicht“, murrte der kleine Koch, „es ist zu warm.“
„Im vorigen Jahr habe ich einen herausgeholt“, erzählte der Matrose, „der war zehn Meter lang.“
„Es war ein Faltfisch“, sagte der kleine Koch.
„Wie er hieß, weiß ich nicht“, sagte der Matrose.
„Der Teich ist drei Meter lang. Dein Fisch war zehn Meter lang. Geht nur gefaltet.“

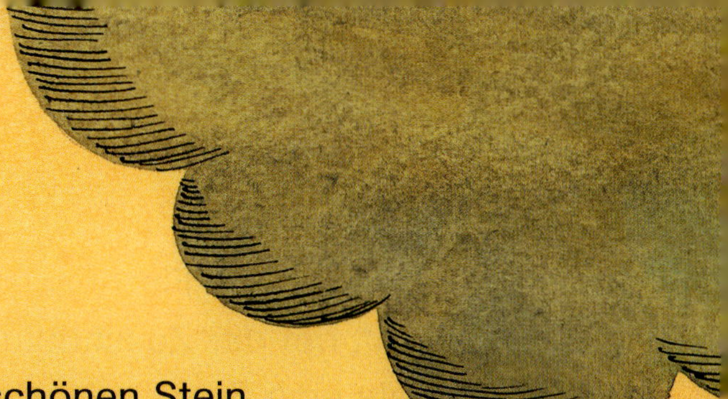

MONDSTEIN

Frau Knösel fand im Wasser einen schönen Stein.
Herr Kuckuck betrachtete den Stein. „Das ist ein Mondstein.
Wenn ihn ein Lügner findet, wird er schwarz und gelb."
„Ich sage immer die Wahrheit", sagte Frau Knösel.
„Potz Blitz! Warum sehen Sie mich so an?"
„In Ihrem Gesicht sind schwarze und gelbe Punkte!"
Frau Knösel legte den Stein ins Schilf und ging schweigend fort.
Herr Kuckuck hob den Stein auf. „Ein Mondstein fehlt noch
in meiner Sammlung."

SCHÖN UND WAHR

Anton lag in der Sonne.
„Es ist zu schön, um wahr zu sein."
„Wenn es nicht wahr ist", sagte die Wolke,
„kann es nicht schön sein."
„Verzieh dich", rief Anton,
„ich will braun werden."

8. Juni, Dienstag

THEATER

„Ich bin die lustige Fischfrau“, sprach der Theaterlulatsch.
„Gelogen“, rief der Zuschaululatsch, „du bist ein Mann!“
„Ich spiele eine Frau“, erklärte der Theaterlulatsch,
„wie du siehst, bin ich verkleidet!“
„Eine Frau mit Bartstoppeln? Gelogen! Alles gelogen!“
„Es ist Theater, hier ist das Lügen Spiel.“

RÜCKWÄRTS

„Ich gehe nur rückwärts“,
sagte der Rückwärtsgehlulatsch.
„Sie sehen also nie, was kommt?“,
fragte der Vorwärtsgehlulatsch.
„Ich sehe, was geht“,
antwortete der Rückwärtsgehlulatsch.

TARNKAPPE

„Der Engel hat mir eine Tarnkappe
geschenkt“, sagte Dörte,
„wenn ich die aufsetze, bin ich
verschwunden.“
„Das ist der Sinn einer Tarnkappe“,
bemerkte Anton, „wenn du dich
nicht traust, setze ich sie auf.“

Anton setzte die Tarnkappe auf.
Dörte konnte nur noch
„Oh“ sagen, da kam
Holger und lachte:
„Dörte ohne Anton!
Etwas ganz Seltenes.“

24. Juni, Donnerstag

ZWEIFEL

„Ich liebe die Wahrheit“,
sagte der Wahrheitslulatsch.
„Es gibt keine Wahrheit“,
entgegnete der Zweifellulatsch.
„Sie zweifeln wohl an allem!“,
rief der Wahrheitslulatsch.
„Das ist die Wahrheit“,
lachte der Zweifellulatsch.

ORAKEL

„Heute ist Johannistag“, sprach Dörte, „ich pflücke einen Orakelstrauss. Ich suche sieben Blumen: Akelei, Lupine, Glockenblume, Leimkraut, Taubnessel, Zimtkraut und Waldziest. Dabei darf ich nicht sprechen. Den Strauß lege ich heute Nacht unters Kopfkissen. Was ich dann träume, wird wahr.“

UNSICHTBAR

„Als ich die Tarnkappe hatte, konnte ich im Buch von Papa mitlesen“, berichtete Holger. „Papa hat es nicht bemerkt.“

„Ich bin mit der Tarnkappe in den Löwenkäfig geklettert“, erzählte Dörte. „Ich habe den Löwen gestreichelt.“

„Ich stand unsichtbar in der Küche, als sich Mama und Frau Fröbel über mich unterhielten“, sagte Anton. „Mir hat es gereicht!“

28. Juni, Montag

JOHANNISNACHT

„Hast du in der Johannisnacht geträumt?“,
wollte Holger wissen.
„Ich habe etwas geträumt“, sagte Dörte,
„aber ich werde es dir nicht verraten.“
„Sag nur, ob es wahr wird.“
„Wenn Anton es will, wird es wahr.“

SEEMANNSGARN

„Ich will dir eine wahre Geschichte erzählen“,
sagte der Matrose.
„Wahre Geschichten sind immer gelogen“,
sprach der kleine Koch.
„Ich kann auch eine gelogene erzählen“,
sagte der Matrose.
Der kleine Koch lachte: „Gelogene Geschichten
sind meistens wahr.“

DIPP DIPP

„Dörte hat von dir geträumt“,
flüsterte Holger.
„Was hat sie geträumt?“, fragte Anton.
„Was wohl? Sie ist in dich verliebt!“
„Das hat sie dir erzählt?“
„Wortwörtlich!“
Dörte rief: „Hallo Anton, kannst
du mir helfen?“
Anton wurde rot. „Klar, kann ich.“
„Ich habe in der Johannisnacht geträumt,
dass ich ein Dipp Dipp erfinden kann.
Ich brauche dafür aber Röffelschluppen
und Überzwillen.“
„Kein Problem“, sagte Anton,
„kann ich dir geben.“

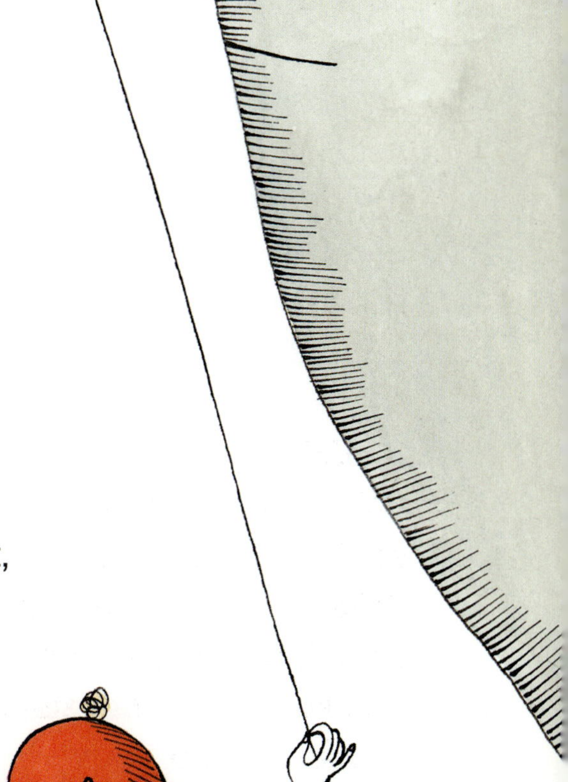

HUFEISEN

„Erst bespucken, dann nach hinten werfen“, sagte Anton.
„Welcher Idiot schmeißt hier mit Hufeisen?“, brüllte der fürchterliche Lulatsch und rieb sich die Beule.
„Es bringt Glück“, flüsterte Anton.
„Sieh dir das Horn an!“, schrie der fürchterliche Lulalatsch.
„Jetzt bist du der fürchterlichste Lulatsch“, sagte der Glückslulatsch.
„Ist das wahr?“, fragte der fürchterliche Lulatsch. „Es war mein sehnlichster Traum, der fürchterlichste Lulatsch zu sein. Nun bin ich es!“

SCHÖNES WETTER

Roselinde Tilia Cordata streckte sich.
„In der Nacht der warme Regen und jetzt die wunderbare Sonne. Mir ist so wohl, wie lange nicht.“
„Mit anderen Worten: Sie sind glücklich“, sagte Frau Knösel.
„Glück ist ein großes Wort“, seufzte Roselinde, „weiß ich doch aus hundertjähriger Erfahrung, dass schönes Wetter schnell vorübergeht. Eine Birne würde mich glücklich machen.“

KOCHEN UND SCHMIEDEN

„Jeder ist seines Glückes Schmied“,
sprach der kleine Koch.
„Viele Köche verderben den Brei“,
murmelte der Schmied.
Der kleine Koch entgegnete:
„Man muss das Eisen schmieden,
solange es heiß ist.“
„Nichts wird so heiß gegessen,
wie man es kocht“,
sagte der Schmied.

10. Juli, Sonnabend

REICHLICH GLÜCK

„Ich bin immer glücklich", sagte der Glückslulatsch.
„Wenn nichts Schlimmes passiert!", rief Frau Knösel.
„Mir passiert nichts Schlimmes."
„Und wenn Sie Zahnschmerzen bekommen?"
„Ich habe keine Zähne."
„Und wenn Sie einen Freund verlieren?"
„Ich habe keinen Freund."
„Oder Geld?"
„Ich habe keins."
„Gibt es irgendetwas, was Sie haben?", fragte Herr Kuckuck.
Der Glückslulatsch lachte.
„Ich habe Glück. Und zwar reichlich!"

SCHENKEN

„Ich habe ein Geschenk für Sie", sagte Herr Kuckuck.
„Ein Pferdchen", rief Frau Knösel, „danke. Sehr nett."
„Gefällt es Ihnen?", fragte Herr Kuckuck.
„Ja sehr!", antwortete Frau Knösel. „Potz Blitz! Warum gucken Sie so traurig?"
„Wenn es Ihnen nicht gefallen hätte, hätte ich es behalten."

TEILEN

„Wir teilen", schlug Frau Knösel vor, „das Vorderteil bekommen Sie. Das Hinterteil behalte ich."
„Wollen Sie es zerschneiden?", fragte Herr Kuckuck.
„Wir machen es ohne Schneiden. Wenn Sie damit spielen wollen, leihe ich Ihnen das Hinterteil. Und will ich spielen, leihen Sie mir das Vorderteil."

12. Juli,
Montag

SCHORNSTEINFEGER

„Dieser kleine Schornstein lohnt kaum die Anreise“, sagte der Schornsteinfeger. „Sie können sich anders nützlich machen“, sprach Dörte und berührte den Schornsteinfeger mit dem Finger. „Tut mir Leid“, sagte der Schornsteinfeger, „das bringt nur Glück, wenn ich schmutzig bin.“ Dörte gab dem Schornsteinfeger einen Spaten. „Wenn Sie mir beim Umgraben helfen, sind Sie schmutzig und ich glücklich.“

UNSER

„Geben Sie mir bitte mein Pferd mit Ihrem Vorderteil?“, fragte Frau Knösel.
„Bitte, hier ist mein Pferd mit Ihrem Hinterteil“, sagte Herr Kuckuck.
Der Glückslulatsch fragte: „Was soll das? Mein Vorderteil, mein Hinterteil! Man wird ja blöde davon! Ihr sagt unser Pferd! Und damit hat es sich.“
„Ein guter Vorschlag“, sagte Frau Knösel.
„Tja“, seufzte Herr Kuckuck, „so ist aus meinem Pferd unser Pferd geworden.“

Glücklich ist, wer vergisst, was nicht mehr zu ändern ist.

TANTE USCHI

„Heute bin ich froh!“, sagte Holger. „Mir ist die Tasse heruntergefallen und in tausend Stücke zersprungen. Mama hat gemeckert und Papa ist auf dem Kakaofleck ausgerutscht. Der Hund sprang ins Zimmer und machte eine Riesenpfütze.“
„So was macht dich froh?“, fragte Dörte.
„Ja!“, sagte Holger. „Tante Uschi hat noch nie gelacht. Heute habe ich gesehen, dass sie es kann.“

27. Juli, Dienstag

GLÜCKSPILZ

„Ich bin ein Glückspilz“, sagte der Fliegenpilz, „ich kann lange leben. Mich pflückt niemand. Denn ich bin giftig.“
„Ich bin auch ein Glückspilz“, sagte der Butterpilz, „ich werde in heißer Butter schwimmen!“

KLEE

„Ich bringe Glück!“,
sagte der vierblättrige Klee.
„Ich bringe mehr Glück!“,
rief der fünfblättrige Klee.
„Ich bringe das meiste Glück!“,
sagte der sechsblättrige Klee.
„Ich bringe das allermeiste Glück!“,
sagte der siebenblättrige Klee.
„Viel Glück“, muhte die Kuh
und fraß den Klee.

5. August, Donnerstag

STERNE

„Unser Schicksal“, sagte der kleine Koch,
„hängt von den Sternen ab!“
„So ist es!“, sagte der Matrose.
„Nachts auf hoher See zeigt mir
der Polarstern den Weg.“
„Ich wollte sagen, dass die Sterne für uns
verantwortlich sind“, sagte der kleine Koch.
„Ich bin lieber für mich selbst
verantwortlich“, sagte der Matrose.

LATERNE

Anton, Dörte und Holger zogen mit Laternen durch den dunklen Zwölfminutenwald.
„Ob jemand da oben unsere Lichter sehen kann?“, fragte Anton.
„Jemand?“, fragte Dörte.
„Ein Raumfahrer, ein Außerirdischer oder ein Wasweißich.“
„Ein Wasweißich sieht euch bestimmt“, flüsterte der Engel mit dem Papierflügel.

ALLEIN

„Wenn ich lange in den Himmel sehe, dreht sich alles und dann fühle ich mich sehr allein“, sagte Anton.
„Mir geht es wie dir“, sagte Dörte, „wenn ich dich ansehe, hört das Drehen auf. Und allein bin ich auch nicht mehr.“

16. August, Montag

WO

„Wo bin ich?“,
fragte der außerirdische Lulatsch.
„Hier ist der Zwölfminutenwald“,
sagte Frau Knösel.
„Wo ist der?“,
fragte der außerirdische Lulatsch.
„Auf der Erde!“
„Und wo ist die?“
„Auf dem Weg um die Sonne!“,
sagte Frau Knösel.
„Und wo ist die?“,
fragte der außerirdische Lulatsch.
„In der Milchstraße! Aber wo die ist,
weiß ich auch nicht.“
„Milchstraße genügt“,
sagte der außerirdische Lulatsch.
Er zündete die Raketentriebwerke
und verschwand unter Getöse.

ZUKUNFT

„In naher Zukunft wird
es ein Gewitter geben“,
sagte der kleine Koch.
„Die Milch wird sauer.“

„Das Merkwürdige an der
Zukunft ist, dass sie immer
Gegenwart wird“, sagte
der Matrose und spannte
den Regenschirm auf.

Als der Gewitterregen nachließ
sagte der kleine Koch: „Die
Gegenwart wird Vergangenheit!“

Der Regentropfen verdampfte
in der Mittagssonne und rief:
„Die Vergangenheit wird wieder
Zukunft!“

DONNER

„Wer beim Donnern
ein blödes Gesicht zieht,
behält es sein Leben lang“,
sagte Frau Knösel.
„Aha!“, sagte Herr Kuckuck
und sah Frau Knösel lange an.

25. August, Mittwoch

WIND

„Es gibt Wind, weil sich die Bäume bewegen“, sagte Herr Kuckuck. „Umgekehrt“, erwiderte Frau Knösel, „die Bäume bewegen sich, weil es Wind gibt.“ „Es ist ganz anders“, sagte Roselinde Tilia Cordata, „Bäume gibt es, weil sich der Wind bewegt.“

MUSCHEL

Anton hielt die Muschel ans Ohr. „Ich höre das Meer rauschen.“ „Es ist dein Blut, was du da hörst!“, sagte Dörte. „Warum rauscht mein Blut wie das Meer?“, fragte Anton.

HIMMEL UND ERDE

„Ein Wunder, dass der Himmel nicht auf die Erde fällt“, sprach der nachdenkliche Lulatsch. „Himmel und Erde?“ Der kleine Koch sah in sein Kochbuch. „Ein wunderbares Rezept. Ich brauche zweierlei Äpfel: Himmelsäpfel und Erdäpfel. Mit gebräuntem Speck und weißem Pfeffer gibt das ein köstliches Essen. Mir läuft das Wasser im Mund zusammen.“ „Ich wollte mit Ihnen über unsere Welt nachdenken und Sie reden vom Kochen“, sagte der nachdenkliche Lulatsch. „Kochen ist meine Welt“, sagte der kleine Koch.

31. August, Dienstag

WELT

„Jetzt kenne ich die Welt“,
schnaufte die Raupe,
„ich habe mich durch
die Birne gefressen.“
„Nein, ich kenne die Welt“, zirpte
die Grille, „ich bin durch den
Zwölfminutenwald gesprungen.“
Holger klappte das Buch zu und sagte:
„Ich kenne das Buch.“

BOOT

„Was baust du da?“,
fragte Roselinde Tilia Cordata.
„Ein Matrose ohne Boot ist wie ein Baum ohne Äste“, antwortete der Matrose. „Gestern habe ich gesehen, dass am Ende des Teichs ein Rinnsal ist. Das Rinnsal rinnt in den Bach. Der Bach plätschert in den Fluss. Der Fluss fließt ins Meer und das Meer führt in den Ozean. Sobald ich fertig bin, fahren wir vom Zwölfminutenwald bis zum Ozean.“

Im Zwölfminutenwald

Text und Illustrationen: Franz Zauleck, Berlin

Zur Unterrichtsarbeit empfehlen wir unseren
Wegweiser durch den Zwölfminutenwald

Begleitbuch für Lehrerinnen und Lehrer	693113
Arbeitsblätter (Kopiervorlagen)	693114
Materialmappe	693111

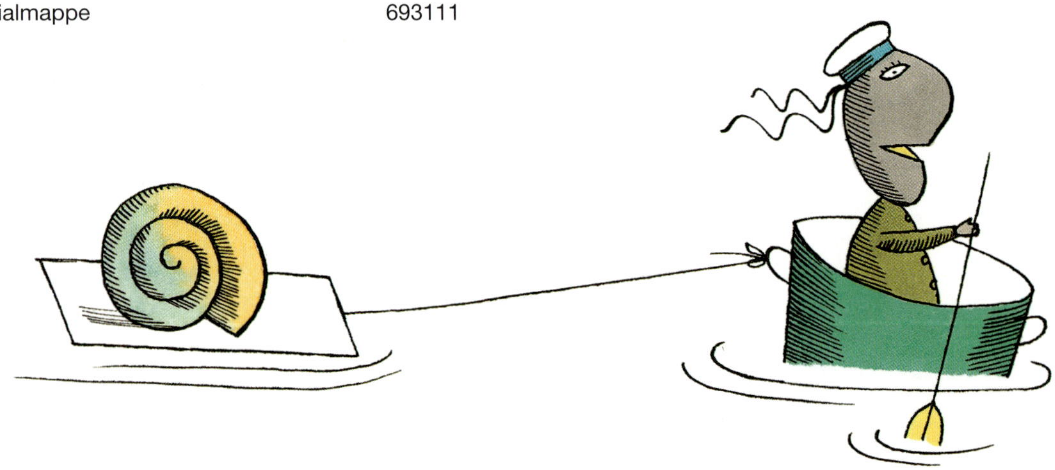

Gedruckt auf Papier aus
chlorfrei gebleichtem Zellstoff,
säurefrei.

1. Auflage A 1 5 4 3 2 1 | 2005 2004 2003 2002 2001

Alle Drucke dieser Auflage können im Unterricht nebeneinander benutzt werden, sie sind untereinander unverändert.
Die letzte Zahl bezeichnet das Jahr dieses Druckes.

Internetadresse: http://www.klett-verlag.de

Redaktion: Katja Eder, Berlin und Gabriele Pleßke, Leipzig
Herstellung: Torsten Lemme, Berlin
Reproduktionen: City Repro, Berlin
Druck: Aprinta, Wemding
ISBN 3-12-693110-3

AHOI!
12

Auf dem Ozean gibt es viel zu sehen.
Meerrettich!
Scharf!
Seepferdchen!
Wieher!
Uffe!
Seeelefanten!
Wellen!